Sumário

60 Poemas de Amor em Português:
A Coleção mais Bela de Poemas do Mundo

Josyie Anifka

"Eu te amo não só por quem você é, mas por quem eu sou quando estou com você" - *Elizabeth Barrett Browning*

Prefácio

No silêncio da noite, quando o coração bate forte e a alma busca sua complementação, as palavras se transformam em versos e os versos se convertem na expressão mais pura do amor.

Imagine um lugar onde os sentimentos mais profundos e puros se transformam em palavras que tocam a alma e o coração. Esse lugar existe, e é o universo da poesia. Neste livro, "60 Poemas de Amor em Português: A coleção mais bela de poemas do mundo", você encontrará uma compilação dos mais belos e emotivos poemas de amor já escritos.

Cada poema é uma joia literária que o fará sentir a paixão, a ternura, a nostalgia e a felicidade que apenas o amor pode despertar.

Esta coleção o levará em uma viagem através dos séculos, descobrindo a beleza da poesia em todas as suas manifestações. Aqui você encontrará versos que o inspirarão, que o emocionarão e que o farão sonhar com o verdadeiro amor. Prepare-se para se deixar levar pela paixão das palavras e mergulhar no mundo mais sublime da poesia. Esta é, sem dúvida, a coleção mais bela de poemas do mundo.

Conteúdo

<u>**Esperança**</u>
<u>**Tente**</u>
<u>**Medos**</u>
<u>**Uma lágrima de despedida**</u>

Princesa Yosire

Na antiga cidade das almas,

viveu uma princesa de beleza incomparável,

seu nome era Yosire, e seu coração batia,

em busca de um amor verdadeiro e inesquecível.

E assim foi que Asirm cruzou seu caminho,

um homem corajoso e apaixonado,

que lhe prometeu o amor eterno e sincero,

E ela, sem pensar duas vezes, o amava com todo o seu ser.

Ele deixou para trás uma vida de luxo e riqueza,

e com sua amada ela partiu para as terras remotas de Yaneh,

onde construíram um lar simples, mas amoroso,

e viviam felizes, independentemente das carências e das dificuldades.

Apesar das críticas e desaprovações de sua família,

Yosire seguiu seu coração, e lutou por seu amor sem medo,

e embora ele nunca tenha retornado à antiga cidade das almas,

sua história foi escrita nos livros de amor com muita honra.

E assim, a princesa de Yaneh, viveu feliz e amada,

em um lar cheio de amor e felicidade,

provando que o amor verdadeiro,

é mais forte do que qualquer riqueza ou vaidade.

Portanto, se em algum momento você sentir que o amor está lhe chamando,

segui-lo corajosa e destemidamente,

porque, como a princesa Yosire, você também pode encontrar,

um amor puro e real que o enche de felicidade e amor.

Duas almas unidas

Em uma terra cheia de perigos e medos,
dois guerreiros se amavam com força e candura,
mas o destino os separaria para sempre,
em uma despedida cheia de dor e sofrimento.
Ele, um guerreiro corajoso e forte,
Ele teve que partir para um universo distante e hostil,
para combater bestas gigantes e poderosas,
para proteger seu povo e salvar vidas preciosas.
Ela, uma guerreira com coragem e determinação,
Ele teve que ficar para proteger sua casa e sua nação,
mas seu coração estava se despedaçando em mil pedaços,
sabendo que sua amada logo estaria muito longe.
Eles se abraçavam com força, seus corpos tremiam,
e à medida que suas lágrimas caíam, o tempo acelerava,
Ele deveria partir e ela deveria ficar,
em uma despedida que eles nunca poderiam esquecer.
Um beijo de despedida os uniu pela última vez,
e enquanto seus corpos se afastaram, seu amor nunca morreu,
porque o amor verdadeiro é maior do que qualquer universo,
e permaneceria sempre, forte e eterna, como o sol.
Ele lutou corajosa e corajosamente naquele universo desconhecido,
e embora ele nunca tenha voltado, seu amor sempre permaneceu
vivo,
e ela protegeu seu mundo com força e paixão,
sabendo que sua amada estaria sempre em seu coração.

O amor ao longo do tempo

Em uma noite de céu escuro,
dois jovens se amavam fervorosamente,
e ainda que soubessem que logo seriam separados,
O amor deles duraria para sempre, eles sabiam.
Ele, um viajante do espaço e do tempo,
logo partiriam para outro universo,
em seu navio estelar navegaria para longe,
a um lugar onde os sonhos não floresceram.
Ela, com o coração partido e as lágrimas nos olhos,
Eu sabia que logo teria que dizer adeus,
mas ele a beijou com ternura e paixão,
prometendo que ele sempre a amaria, sem condições.
O navio decolou e ela o viu partir,
sabendo que seu amor não estaria mais aqui,
mas em seu coração ele manteve a esperança,
que um dia estariam juntos novamente, em uma dança.
No entanto, o destino tinha outros planos,
e ele nunca mais a viu,
mas seu amor durou com o tempo,
e ela morreu com o coração cheio de sentimento.
Em uma dimensão onde os sonhos não florescem,
ela esperou pelo seu retorno, na distância eterna,
e embora o tempo tenha passado e ele nunca mais voltou,
seu amor estava gravado em seu coração, para sempre, como o sol.

Incondicional

Na antiga terra dos Incas,
um jovem guerreiro se apaixonou,
de uma donzela de nobreza e beleza,
que seu coração com seu sorriso conquistou.
Mas suas famílias não o permitiriam,
pois ela iria se casar com um nobre,
e ele era apenas um guerreiro corajoso,
com um coração de ouro e nobre.
Ainda assim, eles juraram amor eterno um pelo outro,
no alto de uma montanha nos Andes,
e se comprometeu a lutar contra o mundo inteiro,
por ficarem juntos para sempre mais.
Mas a vida às vezes pode ser cruel,
e a guerra os separou durante anos,
e mesmo que ela ainda estivesse esperando,
ele foi deixado como morto nas planícies.

A dor que a donzela sentiu,
era mais profundo do que o abismo,
e todas as noites eu chorava sua ausência,
desejando com todas as suas forças o seu retorno.

Mas um dia a notícia chegou,
que seu amor tinha morrido em batalha,
e seu coração se partiu em mil pedaços,
sabendo que eu nunca mais o veria.
A empregada morreu pouco tempo depois,

superados pela dor e pela tristeza,
e seu nome foi gravado em seu túmulo,
como um tributo ao seu amor e beleza.

Assim foi com o guerreiro e a donzela,
viveu um amor impossível nos Andes,
um amor que transcendeu o tempo e a morte,
e que ainda hoje é lendária e grandiosa.

Uma dor no meu coração

Amor que dá dor, dor ardente,
coração traído, alma em dor.
Mesmo que eu ainda te ame, sei que não há volta a dar,
meu coração despedaçado não aguentaria mais.
A memória de seus beijos e carícias me faz chorar,
Saber que eu não sou mais o dono de seu amor me faz sangrar.
A dor em minha alma é tão intensa que eu gostaria de desaparecer,
mas não posso esquecer o que um dia amei.
Outro beijo nos lábios, outro acariciar sua pele,
meu coração partido não pode suportar este papel cruel.
Eu sei que não somos mais um, que o amor que nos uniu se foi,
mas meu coração ainda bate por você, ainda que se sinta destruído.
Amor que dá dor, dor ardente,
coração traído, alma em dor.
Embora eu ainda te ame, sei que é hora de ir,
para deixar para trás este sofrimento, para buscar uma nova vida.

Não há mais necessidade de lutar

Em meu peito, um profundo vazio,
uma ferida aberta, um coração partido,
a dor de saber que o amor se foi,
que meus sonhos desapareceram.
Eu lhe dei minha alma e todo o meu ser,
Eu o amei com todas as minhas forças e desejos,
mas agora meu mundo está de luto,
minha alma em lágrimas, meu coração em luto.
Não consigo entender por que você mentiu para mim,
por que você brincou com meu amor e minha existência,
Foi por prazer ou por diversão?
Você não se importou de me fazer sofrer?
A dor me consome, me fere por dentro,
As lágrimas estão fluindo, não posso detê-las,
meu corpo treme, minha alma está deserta,
minha mente enlouquece, meu coração se apaga.
Não há consolo para minha dor e tristeza,
tudo o que resta é aceitar que o amor se foi,
que meu mundo se tornou escuro e frio,
que meu coração não bate mais por você.
Assim termina minha triste história de amor,
assim minha alma é quebrada em pedaços,
Resta apenas seguir em frente com coragem,
sabendo que o amor voltará.

Coração quebrado

Nas florestas de Tenochtitlan,
o grito de um homem sem amor é ouvido,
que perdeu sua donzela porque ela era pobre e sem valor,
e agora ela se encontra nos braços de outro homem, e na paixão.

Seu coração está em chamas,
a tristeza o consome,
sente a dor mais profunda já sentida,
de um amor que nunca foi retribuído.
Mas ela é a única que ele ama,
não pode amar mais ninguém,
e vê-la nos braços de outro ser,
o leva às lágrimas.
O fogo em seu peito arde,
busca vingança contra o imperador,
por tirar o que ele mais amava,
por ter tirado o seu pequeno amor.
Mas ele sabe que a vingança não o preencherá,
não lhe devolverá sua donzela,
a dor ainda está presente,
e continuará a chorar nas florestas de Tenochtitlan.
A tristeza e o desgosto o acompanham,
um coração partido e doloroso,
procurando uma maneira de curar,
mas sabendo que seu amor é impossível.
Nas florestas de Tenochtitlan,
o grito de um homem sem amor é ouvido,

que perdeu sua donzela porque ela era pobre e sem valor,
e agora ela se vê dando seu coração.

Um amor sem barreiras

Na época dos 1800 anos,
dois jovens se amaram com grande fervor,
mas o seu amor foi proibido pelo imperador,
que queria casar-se com ela para possuir seu amor.
Ele, um jovem humilde, com um coração nobre e puro,
Ele não tinha riqueza nem títulos para ostentar,
mas seu amor por ela era mais forte que o ouro,
e eu lutaria contra o mundo inteiro para amá-la.
Ela, uma jovem linda e corajosa mulher,
não queria se casar com o imperador sem amor,
e embora ele soubesse que eles lutariam contra ele,
Seu coração lhe pediu para estar com aquele que a fez feliz, sem medo.
Juntos eles fugiram para a noite, para a escuridão,
atravessando rios e montanhas, em busca de liberdade,
Mas o imperador não desistiria tão facilmente,
e seu exército os perseguiu, implacavelmente.
Em uma batalha épica, eles lutaram por seu amor,
ele com sua espada, ela com seu arco e sua coragem,
mas apesar de sua coragem, eles foram derrotados,
e o imperador os apreendeu, cheios de ódio e rancores.
Prisioneiros, eles sabiam que seu fim estava próximo,
mas seu amor era mais forte do que qualquer barreira,
eles prometeram amar um ao outro para sempre, não importando o que fosse,
e em seus corações tinham a esperança de um reencontro, um dia, na eternidade.

E assim, em uma noite fria e escura,
os dois jovens amantes morreram com sua paixão pura,
em um amor que transcenderia as barreiras do tempo,
e sua história seria contada para sempre, como um poema épico e sublime.

Incêndio interno

O amor é um fogo que arde impiedosamente,
que consome tudo em seu caminho,
e mesmo se você for um ser de grande capacidade,
ele o transforma em um louco apaixonado.
Não importa o quão forte você é em sua mente,
nem quanto poder você tem em suas mãos,
quando o amor bate em sua porta em chamas,
o torna fraco e o torna mais humano.
Sua inteligência desaparece em um instante,
sua lógica está perdida na nebulosa do desejo,
e você se torna um amante louco,
disposto a fazer qualquer coisa por esse anseio.
Não há limites para o amor que você sente,
nenhuma sanidade que possa deter seu avanço,
Só podemos ir com o fluxo,
que o leva à loucura e à paixão mais intensa.
Portanto, não tenha medo de ficar um pouco louco,
se o amor bater à sua porta com força,
porque só então você poderá descobrir o tesouro,
por trás desta imensa loucura.

O amor forte é como um furacão,
que devastam impiedosamente tudo em seu caminho,
e faz você se sentir como um vendaval,
que o arrasta para a paixão mais intensa e inigualável.
É um fogo que arde em seu coração,
e o consome até o último canto,
que faz você perder a cabeça,

e o leva à loucura e à obsessão.
Mas apesar de sua intensidade,
também pode ser doce e terno,
e encher sua vida de felicidade,
e se tornar um ser eterno.
É um sentimento que não conhece limites,
e isso o torna capaz de superar os obstáculos,
e lutar contra tudo o que se interpõe no caminho,
porque o amor forte é indestrutível.
Então deixe-se levar por aquele vendaval,
que o leva ao ápice da felicidade,
e não tenha medo de se dar sem igual,
a esse amor forte que o faz vibrar.

Não vá ao meu

Em um mundo de sombras e mistérios,
onde a morte espreita com cuidado,
duas almas se amavam loucamente,
não importava o destino que os esperava em altitude.
Ela, uma nobre e bela jovem mulher,
ele, um guerreiro corajoso que lutou com glória,
juntos eles desafiaram os deuses e o destino,
abraçando-se mutuamente na certeza de que seu amor era genuíno.
Mas o tempo nunca perdoa,
e a doença o consumiu implacavelmente,
deixando a donzela na incerteza,
e sua amada, condenada à morte.
Ela se agarrou à esperança,
lutando com todas as suas forças por sua amada,
reclamando os céus por sua injustiça,
e implorando por uma cura que poderia salvá-lo.
Mas a morte não faz exceções,
e a hora da partida chegou sem piedade,
deixando um vazio intransponível em seu coração,
e uma imensa dor em sua alma.
Portanto, naqueles dias sombrios e difíceis,
a donzela teve que deixar sua amada ir,
com o coração partido e a alma dolorida,
mas sabendo que seu amor continuaria vivo em sua memória.
E assim foi, embora os anos tenham passado sem pressa,
e a vida continuava de forma constante,
o amor desses dois amantes na Idade Média,
nunca cessou de arder na chama eterna da beleza.

Ser capaz de

No tempo dos cavaleiros e senhoras,

em um mundo cheio de bravura e explorações,

um jovem cavalheiro se apaixonou loucamente,

de uma bela senhora, com um olhar sedutor e uma mente inteligente.

Ele, pronto para fazer qualquer coisa por seu amor,

Eu lutaria contra o mundo inteiro, sem medo,

e ela, cativada por sua coragem e lealdade,

Ele se entregou a seu amor, sem reservas nem malícia.

Mas um dia, uma tragédia cruel os separou,

e ela foi raptada por um inimigo impiedoso,

ele, cheio de dor e desespero,

jurou encontrá-la e libertá-la, sem hesitar.

Assim começou sua odisséia, sua busca incansável,

viajando por terras distantes e perigos inimagináveis,

Em seu caminho, ele enfrentou monstros e dragões,

e sempre, em seu coração, seu amor por sua amada batida como uma canção.

Não havia nenhum obstáculo que pudesse detê-lo,

nenhuma criatura que o fizesse voltar atrás, por mais terrível que fosse,

Ele ainda estava à frente, com sua espada e seu escudo,

e a imagem de sua amada, como um farol em seu mundo.

Ao longo do caminho, ele encontrou aliados e inimigos,

e em cada batalha, ele provou sua coragem e bravura,

até finalmente, após anos de luta,

chegou ao castelo onde sua amada estava presa, no topo de uma montanha íngreme e dura.

Ali, ele desafiou o inimigo com todas as suas forças,
e lutou com ele, como um leão na caça,
até finalmente, com o último empurrão,
derrotou o maligno e resgatou sua amada.
Juntos, eles voltaram para casa, vitoriosos e triunfantes,
e seu amor era mais forte do que qualquer adversidade,
porque em seus corações, eles sabiam que estavam destinados,
estar juntos para sempre, em felicidade e lealdade.
E assim sua história se tornou uma lenda,
um poema de amor e coragem, que transcendeu o tempo e a
eternidade,
e no coração daqueles que amam de verdade,
sempre haverá um pedaço dessa história, desse amor inigualável,
dessa realidade.

Eu nunca esquecerei você

No frio da noite,
meu coração está batendo,
sentindo a tristeza que me consome,
e a dor de ter perdido minha amada.
Em noites sem estrelas,
Eu me lembro do amor que um dia tivemos,
e o vazio deixado por sua partida,
é um peso que eu não posso suportar.
Eu procuro em vão por uma resposta,
uma explicação para sua partida,
mas tudo o que tenho é silêncio,
e a dor de saber que ele não é mais.
As memórias me inundam,
o tempo parece ser uma eternidade,
e a cada segundo sem ela,
é um golpe no coração, uma ferida que não cicatriza.
Em minha solidão, eu me perco,
procurando uma luz para me guiar,
mas eu só encontro escuridão,
e a vacuidade de um coração partido.
Na frieza da noite,
meu coração está batendo,
sentindo a tristeza que me consome,
e a dor de ter perdido minha amada.

O Nobre Príncipe

Havia um príncipe na Pérsia,
de sangue nobre e coração corajoso,
mas seu amor por um revendedor de panelas,
mudou seu destino de uma forma surpreendente.
Nabia era seu nome, e sua beleza cativava o príncipe,
que se apaixonou profundamente por ela,
e apesar dos conselhos e avisos de seus súditos,
decidiu renunciar à sua sucessão como rei.
Seu pai, o rei Assuero, não conseguiu entender,
como um príncipe poderia renunciar ao seu direito ao trono,
e tentou prendê-lo por desobediência,
mas o príncipe já tinha partido para as Índias distantes.
Ali, em uma terra desconhecida e exótica,
encontrou sua amada e começou uma nova vida,
deixando para trás tudo o que eu já tinha conhecido,
estar com a mulher que o havia cativado.
E embora ele nunca tenha retornado à sua pátria e ao seu trono,
viveu feliz com Nabia, sua princesa das panelas,
e foi lembrado como um herói lendário,
que abdicou de tudo por amor e liberdade.

poema sumério

Era uma vez um jovem príncipe,
em um reino distante e encantador,
que se apaixonou loucamente por uma humilde pastora,
e abdicou de seu trono por seu amor.
Ela era linda e simples,
uma flor do campo que o cativou,
e embora sua família não tenha aceitado esta união,
ele estava disposto a fazer qualquer coisa por amor.
O príncipe abandonou sua riqueza e seu poder,
e foi para bem longe com sua amada pastora,
para viver uma vida simples e amorosa,
em um lugar onde ninguém poderia julgá-los.
Mas a vida na pobreza não foi fácil,
o príncipe nunca se arrependeu de sua escolha,
e se tornou um símbolo de amor e sacrifício,
para todos aqueles que acreditam no amor verdadeiro.
Portanto, se alguma vez você sentir que o amor está lhe chamando,
lembre-se desta história de um príncipe corajoso,
que desistiu de tudo por amor a uma pastora,
e encontrou a felicidade em um mundo diferente.

O fogo que pode fazer qualquer coisa

O amor é um fogo ardente,
que arde no fundo do coração,
uma chama que ilumina tudo o que ela toca,
e isso parece uma canção doce.
O amor é um vínculo que une,
duas almas em um só ser,
um sentimento que nunca morre,
e isso nos faz acreditar.
Acredite no poder do amor,
na força da paixão,
na doçura de um beijo,
e na emoção de uma canção.
O amor é um dom divino,
que nos enche de felicidade,
uma força que nos sustenta,
e nos dá a força para continuarmos.
Não importa o que aconteça,
O amor estará sempre presente,
uma luz brilhante na escuridão,
e um motivo para sorrir.
Portanto, deixe-se levar pelo amor,
sentir seu fogo em seu coração,
deixe-se encher de paixão,
e sinta a felicidade dentro de você.

O verdadeiro amor

Na antiga Suméria,
no reino do grande Nenrob,
viveram um casal apaixonado,
que lutou por seu amor.
Ela era uma bela donzela,
filha do poderoso rei,
e ele, um humilde trabalhador,
com um coração cheio de fé.
Apesar das diferenças,
seu amor era verdadeiro,
e juntos eles sonhavam com um futuro,
no qual eles estariam unidos para sempre.
Mas a felicidade não durou muito tempo,
para o rei Nenrob não aceitaria,
sua filha para casar com um trabalhador,
e sua fúria foi desatada.
Ele ordenou a morte da pessoa amada,
e a donzela chorou sem cessar,
por seu amor havia sido punido,
e ela nunca mais poderia amar de novo.
A tristeza tomou conta de seu ser,
e seu coração parou de bater,
pela morte de sua amada,
foi o fim de sua existência.
Assim terminou a história de amor deles,
uma tragédia na antiga Suméria,
que nos faz lembrar que o amor verdadeiro,

nem sempre tem sucesso na vida séria.

É por isso que nos amamos

O amor incondicional é o amor mais puro,
um sentimento abrangente,
que, por sua força, nos torna mais fortes,
e nos leva a tocar a felicidade.
Mas às vezes, no caminho do amor,
traição e engano estão em espera,
e nossa alma, que pensava que estava feliz,
está quebrado, ferido e sem esperança.
Então, a vingança pode parecer doce,
um bálsamo para nossa dor,
mas seu sabor é amargo e ingrato,
e nos deixa com mais tristeza do que antes.
Portanto, que o amor incondicional seja amor incondicional,
guiar-nos em nosso caminho para a felicidade,
e mesmo que a dor nos machuque e nos traia,
lembremos que há sempre uma luz ao final do túnel.

Amor e despeito

Amor e despeito, dois lados da mesma moeda,
em um jogo de emoções que nos levam ao abismo,
onde o amor que uma vez brilhou como um sol,
cintila e morre como uma chama ao vento.
A despeito toma posse de nosso coração,
e nos faz desejar vingança e dor,
anseio por esquecimento e indiferença,
que nos permitem seguir em frente sem medo.
Mas mesmo assim, o amor ainda está presente,
como uma ferida que não cicatriza,
uma memória que fere nossas almas,
e nos faz duvidar se alguma vez ele voltará.
Portanto, vamos deixar de lado o rancor e o rancor,
e que o amor seja renovado,
que a chama queime novamente em nosso ser,
e que a felicidade desabroche novamente.

Lealdade em você

Quando o amor é desprezado,
e os sentimentos não são recíprocos,
o coração pode estar com o coração partido,
e a tristeza pode parecer o único destino.
Mas se você for leal a seus sentimentos,
e manter sua dignidade e integridade,
mesmo que a decepção e o desprezo sejam o pão cotidiano,
nunca perca a fé no amor e na bondade.
A lealdade para consigo mesmo é a chave,
para superar a dor e o desprezo,
e embora a ferida possa levar tempo para cicatrizar,
nunca perca a fé no amor e em seu coração sincero.
Porque o amor é uma força poderosa,
que pode curar até mesmo as feridas mais profundas,
e mesmo que nem sempre seja retribuído,
continua sendo a luz orientadora na mais profunda escuridão.
Portanto, não perca a esperança e a fé,
e manter sempre seu coração no lugar certo,
porque o verdadeiro amor sempre prevalecerá,
e o escárnio e a decepção serão logo esquecidos.

Mitos do reino do amor

Em tempos antigos, em um reino distante,
havia uma deusa da beleza e do amor,
cujo coração ansiava por encontrar um companheiro
que poderia corresponder ao seu ardor.
Mas o amor não foi fácil para ela,
pois ela era uma deusa imortal,
e os mortais temiam seu poder e brilhantismo,
e nunca se atreveu a aproximar-se dela.
Um dia, enquanto passeava por um jardim encantado,
a deusa encontrou um jovem pastor,
cujo coração estava batendo com intensidade,
que parecia corresponder à chama de seu próprio amor.
Embora eu soubesse que um amor entre eles era impossível,
a deusa se apaixonou loucamente pelo pastor,
e juntos eles compartilharam momentos de felicidade,
que só o amor verdadeiro pode garantir.
Mas o rei dos deuses, invejoso de seu amor,
ordenou que a deusa e a pastora se separassem,
e que a deusa esqueceria seu amor mortal,
e retornar ao seu lugar no firmamento estelar.
Apesar da separação forçada,
a deusa nunca esqueceu seu amor pelo pastor,
e sua presença no céu noturno,
Eu sempre lembraria com honra o amor deles.
E embora o pastor tenha envelhecido e morrido,
seu amor pela deusa nunca se esmoreceu,
e todas as noites, quando a deusa brilha no céu,

o amor que eles compartilharam também brilha, intenso e

Luz e sombra

Em um mundo de luz e sombra
onde o amor se esconde entre as rochas,
uma brisa fresca sussurra em seu ouvido,
prometendo um amanhã sem conflitos.
As aves voam livres no céu,
cantando melodias de alegria e conforto,
enquanto as flores de cores vivas
embelezam radiantemente a paisagem.
O sol brilha intensamente, aquecendo a pele,
e a vida flui como um rio sem fim,
neste mundo onde tudo é possível,
e o futuro está cheio de promessas impossíveis.
Portanto, vá em frente, caminhe sem medo,
porque o caminho para a felicidade está sempre próximo,
e a cada passo que der, você estará mais perto,
para encontrar o amor e a paz que você anseia.

Medos

Em uma época em que a riqueza era a lei,
se casar era difícil sem muito a oferecer,
mas para aqueles que só tinham amor,
encontrar alguém era desafiador e doloroso.
Dinheiro e títulos eram os mais importantes,
e os que não o fizeram foram considerados menos relevantes,
mas o amor não conhece títulos nem riqueza,
e nos corações pobres também há beleza.
Assim, aqueles que só tinham seu amor,
Eles procuravam incessantemente alguém que entendesse seu valor,
alguém que conhecia esse amor verdadeiro,
não é medida por riqueza ou dinheiro.
E embora as dificuldades fossem muitas,
O amor sempre encontrou uma maneira de ripostar,
e, no final, sempre havia alguém especial,
que aceitou o outro independentemente de sua condição social.
Porque no final, o que mais importa é o amor,
e aqueles que o têm são abençoados acima de tudo,
e enquanto a riqueza pode trazer conforto e bem-estar,
O verdadeiro amor é aquele que realmente fará você prosperar.

Desejo-lhe

Caro leitor, deixe-me inspirá-lo,
com palavras que vêm do coração,
Vou levá-los a uma viagem de emoções,
em um mundo cheio de paixão.
Vou falar de amores eternos,
que transcendem o tempo e o espaço,
de beijos suaves e ternos,
de olhares cheios de brilho e amor.
Vou falar sobre o derramamento de lágrimas,
por um amor que se foi,
da tristeza que nos invade,
quando o coração está partido.
Mas também lhes falarei sobre a felicidade,
daqueles momentos que nos fazem vibrar,
da ilusão que nos faz sonhar,
e nos dá a força para lutar.
Convido-os a me seguirem por este caminho,
em que as palavras são o alimento,
em que as emoções são liberadas,
e o coração bate com fervor e sentimento.
Que meu poema desperte algo especial em você,
uma faísca que faz você sonhar,
uma memória que faz você sorrir,
ou uma lágrima que o faça lembrar.
Assim, caro leitor, eu termino meu poema,
na esperança de ter chegado à sua alma,
e deixaram uma marca em seu coração,

que vai durar para sempre, sem qualquer calma.

Puro amor

No silêncio da noite,
sob um céu cheio de estrelas,
duas almas se encontraram,
unidos em um amor sem fronteiras.
Olharam nos olhos um do outro,
e contaram tudo um ao outro sem falar,
Seus olhares se entendiam,
em uma língua que só eles podiam falar.
O tempo passou voando,
mas eles não se deram conta disso,
porque eles estavam perdidos em seu mundo,
em seu amor que os tornou fortes.
Eles se amavam cada dia mais e mais,
e isso foi o que os fez chorar,
porque eles sabiam que não haveria outro amor,
que poderia ser tão puro quanto aquele que eles compartilharam.
E assim, sob a luz da lua,
eles se abraçaram com força,
porque eles sabiam disso juntos,
poderia enfrentar qualquer adversidade.
Porque o amor que eles sentiram,
era mais forte do que qualquer tempestade,
e mesmo que o tempo tenha passado,
seu amor continuaria a brilhar na escuridão.

Ele não me amava

Na escuridão da minha alma,

Sinto que tudo desapareceu,

cada luta, cada esforço, cada esperança,

tem sido em vão, tudo está perdido.

O mundo desmorona ao meu redor,

e eu sinto que nada faz sentido,

cada passo que dou, cada sonho que persigo,

parecem destinados ao esquecimento.

Naquele vazio, naquela solidão,

Pensei ter encontrado a luz,

uma luz chamada amor, uma luz que brilhava,

mas acabou se revelando apenas uma ilusão.

Aquela pessoa que afirmava me amar,

que prometeu estar ao meu lado em todos os momentos,

partiu quando eu mais precisava dele,

deixando-me sozinho com a minha dor e o abandono deles.

Agora eu entendo que ele nunca me amou,

que só estava comigo por conveniência,

que eu nunca fui mais do que um objeto de seu interesse,

e que isso não significava nada para ela.

O desespero me abraça,

a dor me sufoca, a solidão me devora,

e eu me pergunto se alguma vez encontrarei a felicidade,

ou se minha vida estiver destinada a ser uma luta constante.

Mas mesmo assim, eu continuo,

na esperança de que um dia,

Vou encontrar um raio de luz no meio de tanta escuridão,

e serei capaz de sonhar e acreditar na vida novamente.

Alma na dor

O coração bate com dor e tristeza,
quando chegar a hora da separação,
para deixar o amor de sua vida por uma obrigação,
e medo de não voltar a ver sua expressão.
Lágrimas bem nos olhos tristes,
A tristeza se sobrepõe e a alma está desolada,
sabendo que o jogo já foi decidido,
e a incerteza paira como uma espada.
O amor que deixamos para trás é como um tesouro,
que é levado no fundo do coração,
anseio por sua presença a cada dia e a cada hora,
e aguardando a ocasião para voltar em breve.
As guerras ou ameaças são situações cruéis,
que impiedosamente nos separam de nosso ente querido,
e embora o tempo passe, a dor permanece fiel,
e nos acompanha como uma sombra em solidão.
É difícil abandonar o amor de nossa vida,
porque deixamos um pedaço de nós mesmos com ele,
e embora o dever chame, a ferida ainda está aberta,
e nos faz ansiar por sua presença com grande anseio.
Mas apesar da dor e da tristeza que sentimos,
o amor que nos une nunca morrerá,
e sempre haverá um lugar em nossos corações,
pelo amor que deixamos para trás.

Nas sombras de sua alma

No silêncio da noite escura
os soluços da minha alma podem ser ouvidos
que chora por amor perdido
e para sonhos quebrados em pedaços.
Meu coração se sente vazio
como um deserto sem um oásis
e minha mente é um redemoinho
de dor e tristeza sem fim.
A solidão é minha companheira
nesta estrada sem rumo
e o frio da noite me abraça
como um lembrete da minha dor.
O amor que eu pensava ser eterno
desapareceu como fumaça
e agora eu estou aqui sozinho
com nada mais que minha dor.
Meu coração sangra em silêncio
e minhas lágrimas são meu conforto
nesta noite dolorosa
onde a dor é minha única companheira.

O que ele pode fazer

O amor tem um poder inigualável
que pode transformar a alma mais escura
e iluminar o coração
dos seres mais perversos e carinhosos.
O amor é como o sol na primavera
que desperta as flores do inverno

e lhes dá a força para florescerem
apesar de ter estado no frio eterno.
O amor é capaz de renascer
a alma cansada e sem esperança
e enchê-lo de vida e alegria
para acreditar novamente na bonança.
O amor é a força que guia
no caminho da felicidade
e nos mostra que mesmo o mais maligno
pode mudar e encontrar o bem.
Porque o amor não tem limites
sem fronteiras, sem status
e pode chegar aos cantos mais escuros do mundo
para iluminar com seu brilho quente.
Portanto, não perca a fé no poder do amor.
para mudar uma alma ou um coração
porque sua força é verdadeira e eterna
e pode sempre trazer transformação.

Um amor irreal

A dor nos aproxima,
sabendo que nunca irei encontrá-lo pessoalmente,
dói em minha alma e é sentido em minha pessoa.
Eu sou pobre e tenho medo que ela pense mal,
que minha falta de recursos faz dela uma juíza,
mas não posso deixar de amá-la,
e encontrá-la através de cartas em uma sala de bate-papo.
Suas palavras me transportam
para um lugar distante e belo,
onde o amor é possível
e o medo não tem descanso.
Embora a distância nos separe
e o medo nos faz duvidar,
o amor que sinto por ela
é mais forte e não consigo ficar quieto.
Por isso, continuarei a escrever
e sonhando com sua presença,
porque mesmo que eu não consiga vê-la pessoalmente,
sua alma já faz parte da minha existência.
E assim, através das cartas,
continuaremos a construir nossa história,
um amor que transcende a distância,
e nos leva à vitória.

Distância

A distância nos distancia um do outro,
mas nosso amor não se desvanece,

sabemos que nunca iremos tocar,
mas isso não significa que nossa fé não vai crescer.
Mas às vezes somos vencidos pelo luto,
e a solidão nos faz ansiar,
sabemos que nosso amor é forte,
e que juntos estaremos sempre.
Mesmo que nossos corpos nunca se encontrem,
nossas almas se unem em um abraço,
e assim, à distância,
construímos um amor que nunca se desfaz.
Não importa quanto tempo passe,
não importa o quanto estejamos distantes um do outro,
porque nosso amor é eterno,
e sempre permanecerá no fundo do poço.
Portanto, mesmo que a distância nos separe,
nosso amor nos une na mesma realidade,
e assim por diante, no universo das letras,
continuamos a construir nossa felicidade.

Uma ferida na alma

A traição é uma ferida profunda,
que fura a alma impiedosamente,
dói mais do que uma facada,
e deixa o coração partido na solidão.
Quando alguém que você ama o engana,
e brinca impiedosamente com seus sentimentos,
você sente como se o mundo estivesse se desmoronando,
e a confiança que você tinha nessa pessoa se foi.
As lágrimas inundam seus olhos,
e a dor consome seu coração,
você se pergunta novamente e novamente por quê,
e você percebe que a traição é a pior decepção.
A traição é como uma sombra escura,
que o acompanha aonde quer que você vá,
e mesmo que se tente esquecer, a memória se prolonga,
e a dor e a tristeza nunca desaparecem totalmente.
Mas apesar de todo o sofrimento,
é importante lembrar que você é forte,
e que mesmo que a traição o tenha magoado,
você tem a capacidade de amar novamente, de se reerguer.
Portanto, não deixe que a traição o destrua,
não deixe que a dor o consuma,
Lembre-se sempre que você é corajoso e poderoso,
e que o verdadeiro amor sempre triunfa.

Tristeza

Eu sinto o peso da dor no meu peito,

um fardo que me pesa e não me deixa em paz,

Sinto que minha alma está em pedaços,

e o coração partido em mil pedaços.

Lágrimas correm pelas minhas bochechas,

como um rio que não pára,

meu corpo estremece a cada soluço,

e minha mente está perdida em um mar de tristes lembranças.

A tristeza me envolve como um cobertor frio,

e sinto que não há como escapar,

Eu me sinto preso em um labirinto escuro,

sem saída, sem luz, sem esperança.

Eu gostaria de gritar e rasgar minhas roupas,

liberar toda a fúria e dor dentro de mim,

mas as palavras engasgam-se na minha garganta,

e o silêncio é minha única empresa.

É difícil seguir em frente,

quando tudo parece perdido,

mas eu sei que em algum momento,

o sol brilhará novamente em meu céu cinza.

Até lá, continuarei a chorar,

liberando a dor que me consome,

na esperança de que um dia,

encontrar a paz que eu desejo e que me consome tanto.

Esperança

A esperança é a chama que nunca se apaga,
é a força que nos impulsiona para a frente,
é o motor que nos impulsiona a atingir nossos objetivos,
e para conquistar nossos maiores e mais importantes sonhos.
A esperança é o fôlego que nos dá vida,
quando tudo parece perdido e escuro,
é o abraço que nos conforta,
quando nos sentimos solitários e desanimados com o futuro.
E embora existam obstáculos e desafios ao longo do caminho,
nada pode nos deter se tivermos esperança em nossos corações,
porque quando queremos algo com todas as nossas forças,
nada e ninguém será capaz de roubar nossa ilusão.
A esperança nos dá a força de que precisamos,
para continuar e nunca desistir,
nos faz acreditar que tudo é possível,
se lutarmos corajosa e destemidamente.
Portanto, se você tem um sonho que deseja realizar,
não perca a esperança e continue lutando com força e coragem,
porque com fé e perseverança,
nada neste mundo pode impedi-lo de alcançar tudo o que deseja com amor.

Eterno inimigo

Às vezes o coração pede amor e companheirismo,
e desejamos encontrar alguém com quem compartilhar a vida,
mas o caminho para o amor nem sempre é fácil,
e às vezes nos faz sofrer e nos enche de tristeza e melancolia.
Mas mesmo que o medo e a solidão nos invadam,
não devemos abrir mão da esperança de encontrar o verdadeiro amor,
porque o amor é um sentimento que nos completa e nos faz felizes,
e é a chave que abre a porta para um futuro melhor.
No entanto, nem todos nascemos para amar,
e às vezes é melhor estar sozinho do que em má companhia,
porque o amor é uma escolha e não uma obrigação,
e não é justo nos forçar a amar se não sentirmos a paixão.
É melhor aceitar a solidão com gratidão e respeito,
e desfrutar da liberdade que o fato de estarmos sozinhos nos dá,
porque a vida é uma estrada cheia de altos e baixos,
e cada um deve escolher com coragem seu próprio caminho.
Portanto, se o amor ainda não entrou em sua vida,
não se preocupe ou esteja ansioso para ficar sozinho,
desfrute de sua liberdade e viva cada momento com alegria,
porque a felicidade não depende de outra pessoa, mas de você
mesmo.

Tente

Amar é um ato de coragem,
um salto inseguro para o vazio,
um risco que muitos têm medo de correr,
por medo de ser impiedosamente ferido.
Mas o amor é um sentimento lindo,
capaz de nos encher de alegria e felicidade,
para nos fazer sentir vivos e realizados,
e para nos mostrar o mundo com gratidão.
Apesar disso, o medo do amor é real,
e o medo de ser ferido nos faz hesitar,
nos impede de nos entregarmos sem reservas,
e nos mantém longe da felicidade que almejamos.
Mas é preciso lembrar que o amor verdadeiro é puro,
não há nada mais poderoso neste mundo,
e embora a ferida da traição possa doer,
é mais doloroso nunca ter amado com fervor.
Portanto, não ceda ao medo do amor,
deixe seus sentimentos fluir incessantemente,
porque embora o risco de desapontamento seja real,
O amor é a única chave que abre a porta para a felicidade.
Lembre-se de que o amor é um presente,
que só pode ser dado com o coração,
e mesmo que tenhamos medo de ser feridos,
é melhor tentar do que ficar com dúvidas e dores.

Medos

Os medos humanos são sombrios,
esconder-se nas sombras da mente,
como uma nuvem que tudo permeia,
entorpecendo a luz que nos faz viver.
O medo do fracasso nos paralisa,
Receamos não estarmos à altura da tarefa,
e não ser capaz de atingir a meta desejada,
e ser encalhado na costa da vida.
O medo da solidão nos aterroriza,
sentimos que ninguém nos quer por perto,
e o vazio em nosso peito se torna grande,
como um buraco negro que nos envolve.
O medo da morte nos assombra,
nos faz sentir vulneráveis e indefesos,
e a certeza de que um dia ele virá,
nos sacode para o centro.
E assim, os medos dos seres humanos,
eles nos levam para longe do que realmente importa,
deixando-nos em um abismo de tristeza,
sem saber como fugir daquela prisão.

Uma lágrima de despedida

O adeus veio com lágrimas nos olhos,
sua partida deixando um vazio em minha alma,
Eu não sei para onde você vai, que estradas vai percorrer,
Tenho medo do desconhecido que o espera.
O medo me devora e me faz tremer,
Eu não quero perder o que eu amava tanto,
Agarrei-me a vocês com todas as minhas forças,
e agora é difícil para mim deixá-lo ir e deixá-lo ir.
Eu sei que você nunca mais voltará para mim,
que seu amor agora pertence a outra pessoa,
e a dor no meu peito continua crescendo,
sabendo que outro em seu corpo o beijará.
O pensamento de outros ramos terá,
faz-me sentir como se meu coração estivesse sendo arrancado,
e embora eu saiba que devo deixar ir,
o amor que senti por vocês viverá sempre em mim.
Portanto, agora, com um caroço na garganta,
Digo adeus com o coração partido,
na esperança de que você encontre a felicidade em seu caminho,
e que um dia, talvez, você possa perdoar minha fraqueza.

Obrigado, mãe.

Mãe, você é minha luz do sol
que me ilumina o caminho
em seus braços eu encontro o amor
que me faz sentir como uma criança.
Você é meu escudo protetor
em você eu encontro segurança
você me ensinou a ser corajoso
e você nunca me deixa cair.
Seu amor é o mais puro e sincero
você nunca me julga, você sempre me aceita
você é meu guia e minha inspiração
obrigado por ser meu eterno companheiro.

O amor familiar

A família é minha força
meu refúgio em tempos difíceis
em seus braços eu encontro conforto
e em seu amor, o maior dos presentes.
Juntos, somos uma equipe
que fica ao seu lado através de espessos e finos
celebramos sucessos e triunfos
e nos levantamos juntos de nossas quedas.
Em nossa unidade encontramos força
para superar qualquer adversidade
nosso amor é infinito
e estaremos sempre juntos na felicidade.

O amor como um casal

Em você eu encontro minha felicidade
minha alma gêmea, minha cara-metade
seu amor é meu maior tesouro
e em seus braços eu encontro a paz.
Juntos, somos uma equipe perfeita
que é apoiado em todos os momentos
nosso amor é um fogo eterno
que nos mantém sempre unidos.
Em seu sorriso eu encontro esperança
e aos seus olhos eu vejo meu futuro
nosso amor é o maior dos presentes
e nunca perderá seu brilho e brilhantismo.

Vida

A vida é uma aventura
e o amor é nosso guia
em sua empresa eu encontro
a força para seguir em frente todos os dias.
Você é meu cúmplice na alegria
e na tristeza meu conforto
seu amor é meu maior anseio
e juntos, construímos nosso sonho.
Aos seus olhos eu encontro a paz
que me faz sentir completo
em seus braços eu encontro o amor
que me enche completamente.
Juntos, caminhamos pela vida
superando os obstáculos ao longo do caminho
nosso amor é o mais forte
e nunca perderá seu brilho e seu destino.
Eu te amo com todo o meu ser
você é tudo para mim, meu sol ao amanhecer
nosso amor é um tesouro como nenhum outro
e estará sempre presente em nossa casa.

Obrigado

52

Fin